VENTE AUX ENCHÈRES PUBLIQUES
HOTEL DROUOT, SALLE N° 7
LE MARDI 25 JUIN 1912
à deux heures

OBJETS D'ART & D'AMEUBLEMENT

BRONZES, MARBRES, SCULPTURES

Faïences — Porcelaines — Objets variés

TABLEAUX

DESSINS - ESTAMPES

TAPISSERIE

ET QUELQUES MEUBLES

Appartenant à Madame V...
ET A DIVERS

EXPOSITION PUBLIQUE
Le LUNDI 24 JUIN 1912, de 2 heures à 6 heures

COMMISSAIRE-PRISEUR

Mᵉ ANDRÉ DESVOUGES, *Successeur de M. DELESTRE*

26, rue de la Grange-Batelière

ASSISTÉ DE :

Pour les Estampes et Dessins :	*Pour les Tableaux et Objets d'art :*
M. LOYS DELTEIL	**M. GEORGES GUILLAUME**
GRAVEUR-EXPERT	EXPERT
2, rue des Beaux-Arts	13, rue d'Aumale

CONDITIONS DE LA VENTE

Elle sera faite au comptant.

Les adjudicataires paieront *dix pour cent* en sus des enchères.

L'exposition mettant le public à même de se rendre compte de l'état et de la nature des objets, il ne sera admis aucune réclamation une fois l'adjudication prononcée.

Paris. — Imp. de l'Art, CH. BERGER, 41, rue de la Victoire.

DÉSIGNATION

1° Objets appartenant à Madame V.

ESTAMPES

BALECHOU (J.-J.) ET WILLE (J.-G.)

1 — Laurens de Gaillard (P.-J.), d'ap. Vanloo.
— Frédéric II, roi de Prusse, d'ap. Pesne.
Deux pièces.

DREVET (Pierre)

2 — Fleury (Cardinal de), d'après H. Rigaud
(48). Belle épreuve (doublée).

DREVET FILS (P.-I.)

3 — Bossuet, d'ap. H. Rigaud (D. 12). Belle
épreuve.

4 — Dubois (Cardinal), d'ap. H. Rigaud (15).
Belle épreuve.

MASSON (Antoine)

5 — Harcourt (H. de Lorraine, Comte d'), d'après N. Mignard (34). Belle épreuve.

NANTEUIL (Robert)

6 — Castelnau (Jacques de) (R.-D. 58). Belle épreuve. Encadrée.

RAIMONDI (M.-A.) ET SON ÉCOLE

7 — Mars, Vénus et l'Amour. — Sujets mythologiques. Quatre pièces.

REMBRANDT VAN RIJN

8 — Faustus (B. 270). Bonne épreuve.

9 — Gueux et gueuse conversant. — La Femme à la calebasse. Deux pièces.

RIBERA (Joseph)

10 — Le Christ mort (B. 1). Très belle épreuve.

STUBBS (D'après)

10 *bis* — Schooting. Quatre épreuves à la manière noire, par Woollett. Cadres dorés à palmettes.

DESSINS

ARPINO (Giuseppe)

11 — Un Petit Génie. Crayon noir avec rehauts de sanguine.

GELLÉE (Genre de Claude), dit le Lorrain

12 — Paysage accidenté. Lavis et sépia.

JÉROME (Attribué à)

13 — Phryné devant ses juges. Mine de plomb.

LANTARA (M.)

14 — Vues (de Paris?). Deux petits dessins au crayon, signés de l'initiale : *L*.

PRUDHON (Genre de)

15 — Zéphyr. Mine de plomb.

PUGET (Attribué à P.)

16 — Termes de Toulon. Deux dessins à la plume, rehaussés de lavis.

VINCI (Ecole de Léonard de)

17 — Figure grotesque. Sanguine. Au verso, paysage exécuté à la plume.

VINCI (Ecole de Léonard de)

18 — Buste de Vieillard. Dessin à la plume, rehaussé de sépia.

ÉCOLE FLAMANDE

19 — Le Jour du marché. Gouache provenant d'un ancien éventail.

ÉCOLE FLORENTINE

20 — Hommage à un prélat. Dessin à la plume, rehaussé de sépia.

ÉCOLE ITALIENNE

21 — Baigneuse dans un paysage. Dessin à la plume, rehaussé de lavis et de sépia.

INCONNU

22 — Réunion de personnages. Lavis d'encre de Chine.

TABLEAUX

LEICHERT

23 — *Scène de patinage sur un Canal de Hollande.*
> Toile.

POUSSIN (Genre de GASPARD)

24 — *La Pêche au bord du torrent.*
> Toile.
> Cadre doré à palmes.

POUSSIN (École de GASPARD)

25 — *Tobie et l'ange.*
> Toile.
> Cadre en bois sculpté à fleurs.

ROBERT-FLEURY

26 — *La Communion de saint François.*
> Toile.

SALVATOR ROSA (Genre de)

27 — *Agar.*
> Toile.
> Cadre doré à palmettes.

ÉCOLE FLAMANDE

28 — *Tête d'Homme en pourpoint et collerette blanche.*

Toile.

ÉCOLE FLAMANDE

29 — *L'Adoration.*

Panneau.
Cadre en bois sculpté.

ÉCOLE HOLLANDAISE

30 — *Vaches au pâturage.*

Panneau.

ÉCOLE FRANÇAISE

31 — *Personnages et ruines.*

Porcelaine.

ÉCOLE ITALIENNE

32 — *Portrait de Femme, les cheveux blonds frisés retenus par un cordonnet rouge.*

Panneau.

ÉCOLE ITALIENNE

33 — *Sainte Famille.*

Cuivre.

ÉCOLE ITALIENNE

34 — *Adam et Eve.*

Panneau.

ÉCOLE ITALIENNE

35 — *Bestiaux sur le bord d'un lac.*

Deux toiles se faisant pendant dans des cadres dorés à palmettes.

ÉCOLE ITALIENNE

36 — *Descente de croix.*

Cuivre.

ÉCOLE MODERNE

37 — *Vaches dans des paysages baignés de cours d'eau.*

Deux toiles ovales.

ÉCOLE PRIMITIVE

38 — *Le Christ en croix.*

Panneau.

———

FAIENCES, PORCELAINES
GRÈS

39 — Cuvette de bidet en ancienne faïence de Rouen, à décor bleu.

40 — Assiette octogonale en ancienne faïence de Rouen, à rameau fleuri.

41 — Petite coupe en faïence de Nevers, à décors bleus.

42 — Grand plat en ancienne faïence de Nevers, à personnages et paysages dans le goût chinois.

43 — Assiette en ancienne faïence de Moustiers, à décor de personnages et volatiles.

44 — Compotier en ancienne faïence de Strasbourg, à fleurs.

45 — Trois assiettes en ancienne faïence de Delft, à décor bleu rayonnant.

46 — Deux autres, même faïence, à décor de rosaces.

47 — Deux assiettes en ancienne faïence polychrome de Delft, à décor de fleurs et insectes.

48 — Compotier en ancienne faïence italienne.

49 — Plat creux en ancienne faïence italienne, à décor de cavalier.

5o — Compotier plat, même faïence, décoré d'une figure au centre.

5ı — Deux pots de pharmacie et une petite coupe à cariatides en ancienne faïence italienne.

52 — Deux assiettes variées en ancienne porcelaine de Chine, à décor de fleurs. Epoque Kien-lung.

53 — Deux assiettes en ancienne porcelaine de Chine, à fleurs et rocailles. Epoque Kien-lung.

54 — Trois plats variés en ancienne porcelaine de Chine, à décor bleu.

55 — Deux plats creux en ancienne porcelaine polychrome du Japon; fonds à fleurs, marlis à réserves.

56 — Grand plat rond en ancienne porcelaine
du Japon, à décors d'arbres et de vase.

57 — Bouillon et son plateau en porcelaine
blanche, à décor de feuillage en relief.

58 — Deux pichets et une chope en grès allemand.

59 — Encrier et coupe en grès allemand.

60 — Bouteille à anses en grès patiné de la
Chine.

BRONZES, MARBRES
SCULPTURES, OBJETS DIVERS
TAPISSERIE, MEUBLES

61 — Figurine de biche couchée en bronze, à patine vert, portant la signature de *Barye*.

62 — Figurine de chien en bronze, signé : *Delabrierre*.

63 — Deux figurines de saints en haut relief, marbre sculpté avec traces de peinture. XIVᵉ siècle.

64 — Haut relief en marbre, représentant une suite de personnages drapés. Époque Romaine.

65 — Buste d'homme en pierre. Epoque Renaissance.

66 — Buste d'homme en ancienne terre cuite. Epoque Renaissance.

67 — Carreau de revêtement en terre cuite émaillée, à sujet de cavalier.

68 — Petit panneau en bois sculpté, à fenestra-
ges. Epoque gothique.

69 — Panneau de cuir de Cordoue à rinceaux
de fleurs.

70 — Trois fragments d'anciens vitraux à décors variés.

71 — Panneau de tapisserie-verdure avec cons-
truction dans un paysage accidenté. Bordu-
res en haut et en bas à feuille et fleurs sur
fond noir. Aubusson, xviiie siècle.

Haut., 2 m. 40 cent.; larg., 3 mètres.

72 — Chevalet en chêne, à double face, muni
d'une manivelle.

2° Objets appartenant à divers

73 — Pichet en faïence de Delft, à décors bleus;
anse en métal.

74 — Grand plat rond en ancienne faïence de
Delft, à médaillon central.

75 — Christ en ivoire sculpté, appliqué sur fond
de velours dans un cadre à double baguette
de bois sculpté, à fronton orné de pampres
et des instruments de la Passion.

76 — Sabre oriental, à fourreau garni d'argent
repoussé.

77 — Panneau, composé de petits carrés de fil
tiré, ancien filet et linon brodé.

Haut., 80 cent.; larg., 1 m. 45 cent.

78 — Secrétaire en acajou, orné de bronzes ci-
selés, flanqué de colonnes engagées et muni
d'un abattant ainsi que de trois tiroirs; des-
sus en marbre noir. Commencement du
xixe siècle.

79 — Armoire en bois sculpté, flanquée de colonnes à cannelures et munie de deux portes à fleurs et rinceaux ; fronton à vase fleuri.

80 — Objets omis.

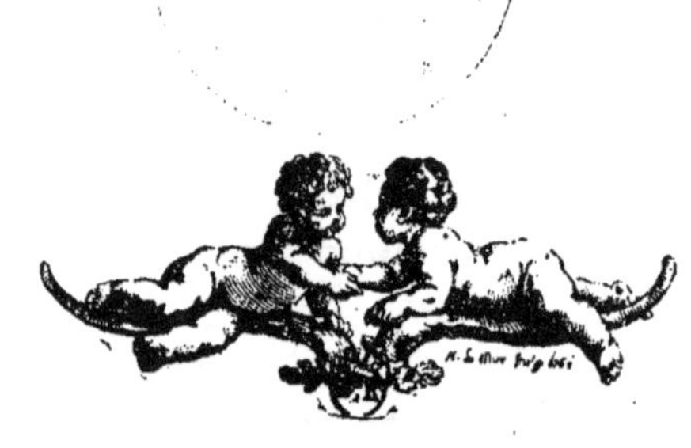